Viaje por Hispania

Fe Bajo Álvarez
Ilustraciones de Juan Manuel Cicuéndez

Nota de la autora antes de leer este cuento:

Viaje por Hispania *es un viaje imaginario de un chico que me he inventado, a un pequeño pueblo de Asturias... o tal vez a un sueño: Roma. Mario es un muchacho hispano-romano, tiene vuestra edad y muchos de vuestros deseos e ilusiones, sólo que él vive en el año 70 de nuestra era, siendo Vespasiano emperador de Roma. Su vida habitual en Mérida se ve alterada por la ocasión de emprender un viaje con su tío Lucio. Durante muchos días, Mario descubre personas y lugares antes desconocidos para él, vive situaciones divertidas, inquietantes y tristes. Junto con su tío os irá mostrando gran parte de la España romana: sus costumbres, sus ciudades, sus gentes... Porque, aunque se trate de un cuento, es un cuento histórico.*

No hay un solo elemento ni un dato en el cuento que no sea verídico. El contexto de nuestra historia responde a la realidad histórica de esa época. Pero, además, yo estoy segura de que ese chico existió, como existieron sus amigos de la escuela, su familia, Antonio, Hercúleo, Plocio, Cornelio..., y todos los demás. Hasta me atrevería a afirmar que ese chico también se llamaba Mario y que todo esto comenzó un día en que se despertó más temprano de lo habitual.

NOTA: Algunas palabras destacadas o de más difícil comprensión aparecen en un vocabulario al final del libro.

ISBN: 84-216-1647-1
Depósito legal: M-39521-1991
Impreso en España - Printed in Spain.
Impresión: MELSA.
Fotocomposición y fotomecánica: SISTEGRAF.

Un día cualquiera

AQUEL día Mario se había levantado más temprano de lo habitual. Aún no había amanecido y la casa estaba sumida en el silencio. A él mismo le resultaba raro estar despierto tan temprano, pues generalmente era Antonio, el joven esclavo, quien se encargaba de despertarle, recurriendo a mil y una artimañas: desde rociarle la cara con agua hasta traspasar sus tímpanos cantando a voz en grito aquellas horribles canciones que había aprendido de niño en Mauritania, su tierra natal.

Pero aquél iba a ser un día muy especial y la emoción le transmitía un estado de impaciencia que le obligaba a moverse deprisa. Como no quería despertar aún a Antonio, que dormía en la estancia vecina y cuyos habituales ronquidos llegaban hasta él, Mario buscó sus sandalias y se las calzó. A continuación se quitó la camisa de dormir, se envolvió en una amplia toalla y se dirigió silenciosamente hacia la lavatrina*.

El rito del aseo diario se le antojaba, en su impaciencia, más largo que de costumbre. Marcia, la vieja y fiel nodriza, había preparado ya las jofainas de agua y quedó asombrada de que Mario no protestase, como era habitual, de la excesiva tibieza del agua. Éste se lavó distraídamente las piernas, las manos, la cara y, por último, los dientes. Enfrascado en sus pensamientos, se puso rutinariamente la blanca túnica de lana ligera, pues eran los días anteriores a las kalendas* de junio y en Emerita Augusta* hacía ya calor.

Mario, al igual que todos los hispano-romanos de su época, tenía un calendario algo distinto al nuestro, aunque el nuestro se inspire claramente en el suyo. El año constaba de doce meses también, pero cada mes se dividía en tres partes: *kalendas*, que era el día de la luna nueva y que se hacía coincidir siempre con el primer día de cada mes; *Nonas*, día en el que la luna era creciente, y que era el 5.º día del mes, excepto en los meses de marzo, mayo, julio y octubre, que era el día 7 y, por último, *Idus*, día de luna llena y que era el día 13 de cada mes, excepto los mismos meses de marzo, mayo, julio y octubre, que era el día 15. Éste era, como veis, un calendario lunar, puesto que los días se decidían en función de los ciclos lunares. El resto de los días se definían en función de esos tres días: antes de las kalendas (es decir, antes del día primero de tal o cual mes), antes de las nonas (esto es, antes del día 5 ó 7, dependiendo del mes) y antes de los idus, que serían los días anteriores al día 13 o al 15 en los meses que hemos señalado como excepciones. La semana tenía, al igual que la nuestra, siete días, pero el primer día de la semana era el sábado. Sus días se llamaban: día de Saturno, del Sol, de la Luna, de Marte, de Mercurio, de Júpiter (*Jovis*, en latín) y de Venus (*Veneris*, en latín). Podéis ver que los nombres de los días de la semana que nosotros conocemos derivan de los suyos, al igual que la mayoría de los nombres de los meses del año. El primer mes del año, según su calendario, era enero, que ellos llamaban *Januarius* (o mes del dios Jano), después venía *Februarius* (mes de la diosa Fiebre), *Martius* (mes del dios Marte), *Aprilis* (mes en el que se abre la Primavera), *Maius* (mes de la diosa Maya), *Quintilis* (esto es, el quinto mes), *Sextilis* (el sexto mes), *September* (el séptimo mes), *October* (el octavo mes), *November* (el noveno mes) y *December* que era el décimo mes.

Así pues, retomando nuestro relato, aquel día en el que Mario se levantó tan temprano, era uno de los últimos días de mayo y en Mérida, ciudad en la que vivía, ya hacía calor. Mario, después de haberse puesto su túnica, se ajustó el cinturón, que era un regalo de su tío Lucio, al que esperaba ver ese día y que era en parte la razón por la cual estaba tan nervioso. Aquel cinturón le gustaba, no sólo por ser un regalo de su tío, sino porque el broche era un complicado trabajo de artesanía en el que se entrelazaban las tres iniciales de su nombre completo: Cayo Mario Félix. Después se perfumó la cabeza con aquel ungüento que su madre le compraba y que Mario consideraba de olor repugnantemente femenino.

La tarea final de peinarse era siempre una guerra contra su cabello, perdida de antemano. Conseguir que sus tiesos pelos, llenos de remolinos, tuviesen un aspecto presentable a los ojos de su madre, resultaba imposible. Ni las tenacillas del peluquero, al que ella se empeñaba en llevarle frecuentemente, conseguían mantener ondulada aquella especie de cresta pelirroja. Se estiró lo mejor que pudo el flequillo por la frente y miró al peine con rencor. Después entró en su habitación y se entretuvo un buen rato preparando la cartera del colegio: las tablillas de madera, recubiertas de cera, sobre las que Mario había escrito con su punzón unos versos de la Ilíada, obra escrita por un poeta griego llamado Homero.

Mario no tenía mucha confianza en haberlo escrito correctamente; el idioma griego le resultaba muy enrevesado; sin embargo, era una de las materias a las que más tiempo dedicaba aquel dichoso maestro gramático. Luego recogió los cuadernos de pergaminos, la pluma bien cortada y el tintero. Buscó por todos los rincones aquel aburrido libro de Cicerón que ya casi había conseguido aprenderse de memoria, aunque sin entender gran cosa de él. Al final apareció. Entonces entró en la habitación de Antonio y le despertó con uno de aquellos sistemas que a menudo el propio Antonio empleaba con él, pasándole una pluma por la planta de los pies. Este, sorprendido de ver ya vestido a su joven amo, se restregó los ojos creyendo que aún soñaba.

—¿Cómo es esto? Aún no son las cinco y ya estás listo. Espero que no hayas contraído alguna fiebre extraña.

—Venga, date prisa. Voy a bajar a saludar a mi padre.

Su padre ya estaba en la biblioteca. Siempre era el primero en levantarse. Era un hombre alto y corpulento y con su elegante toga más parecía un auténtico senador de Roma que un edil municipal. Claro que, aunque su padre era de Emerita Augusta, el abuelo de Mario había nacido en Roma. Cuando su abuelo llegó a España, era tribuno de una cohorte del ejército romano. Mario sabía que cada una de las legiones se componía de diez cohortes y cada una de estas cohortes contaba al menos con seiscientos soldados, divididos a su vez en tres grupos, llamados manípulos, de doscientos soldados como mínimo en cada manípulo. Los que estaban al frente de una cohorte eran tribunos (lo que vendría a equivaler a capitanes) y el hecho de que su abuelo hubiese pertenecido a una de aquellas legiones que habían conquistado el país, le llenaba de orgullo.

Para Mario no había nada superior a Roma. El amaba su ciudad y su país, pero Roma era la mejor de todas las ciudades... o, al menos, debía de serlo, aunque aún no había estado allí; claro que, si sus planes daban resultados, en poco tiempo esperaba conocerla.

El padre de Mario se llamaba Cayo Mario Fausto. Así de complicados eran los nombres romanos. Aunque en esa época no existían los carnés de identidad

en los que cada persona tiene un número propio que el Estado utiliza para su identificación a efectos de censo, de hacienda, etc..., tenían igualmente que identificarse por su propio nombre. Al constar éste de tres elementos, resultaba más difícil que hubiera muchas personas que se llamaran igual. El nombre familiar, o lo que hoy consideramos primer apellido, para los romanos era el segundo: el padre de nuestro amigo, su tío, su abuelo, el tribuno ..., todos se llamaban Mario. La primera parte del nombre y la tercera podían variar, pero era costumbre que el hijo mayor tuviera la primera parte del nombre igual que la del padre. Mario (pues así era como le gustaba que le llamaran) era el hijo mayor y el único varón. Tenía sólo una hermana de cinco años llamada María Adriana.

Cuando Mario apareció en la biblioteca, su padre se volvió hacia él y ambos se saludaron y besaron. Después se volvió para seguir ordenando los numerosos legajos en sus correspondientes estantes.

—Padre..., quisiera preguntarte acerca de la llegada de tío Lucio. Ayer oí a mi madre que llegaría hoy a Emerita.

—Sé lo que aprecias a tu tío, hijo, y si no te avisé yo mismo fue porque quería darte una sorpresa. Efectivamente, hoy llegará a nuestra casa, pero por las indicaciones del correo que envió comunicando su venida, supongo que no vendrá hasta última hora de la tarde. Así pues, vete a la escuela y haz tu vida normal, puesto que aún llegarás a casa a tiempo de esperarle.

Pero Mario no se movía de su sitio. Necesitaba seguir tanteando el terreno.

—Padre, quisiera preguntarte si recuerdas la última vez que mi tío estuvo aquí.

—¡Pues claro! Apenas hace seis meses.

—El dijo, entonces, que en su próximo viaje a las minas de oro, te rogaría que me dejaras acompañarle...

Pero su padre no recordaba tal propuesta, al contrario de Mario, que era lo que mejor recordaba.

—Aún no ha llegado. Tiempo habrá de pensarlo y discutirlo. Vete a la escuela.

Por el momento era suficiente.

Mario se dirigió a la cocina donde su madre trajinaba con las esclavas disponiendo lo necesario para las comidas del día. Todo el respeto que su padre le inspiraba se convertía en ternura hacia su madre. Valeria Salvia era una mujer hermosa y dulce, muy apegada a sus hijos, a los que consentía en exceso, en opinión de su marido. Mientras Mario se desayunaba un vaso de hidromiel (miel y agua), un bollo de pasas y un tazón de leche, le rogó que intercediera ante su padre a fin de que éste le autorizara a acompañar a su tío en el viaje. Pero no se fiaba demasiado de que hiciera uso de su mediación, pues tal viaje inspiraba a su madre temores de todo tipo.

—Pero hijo, sólo eres un niño —replicó su madre—. No dudo de la protección de tu tío, pero los caminos están llenos de salteadores. Además, esas minas están muy al norte. No son lusitanos los que viven allí, es gente bárbara y de la que se puede esperar lo peor. ¿Cómo voy a interceder por algo que, con sólo pensarlo, me hace temblar de miedo?

Los siguientes diez minutos se los pasó intentando convencer inútilmente a su madre de que ya no era un niño. Pronto iba a hacer ya doce años y en el mundo romano la mayoría de edad se tenía a los diecisiete. Sólo le faltaban cinco años... Además, Silvano, el dueño de la carnicería, era de Lancia; esa ciudad estaba en el Norte, y eso no quería decir nada, pues, como ella bien sabía, era un hombre muy normal y hasta simpático. Su madre había decidido prestar oídos sordos a esa larga perorata y Mario sabía, por experiencia, que era muy difícil ablandarla, en según qué cosas, con ningún tipo de razones. Los argumentos se le acabaron justo en el momento en que Antonio bajaba con su cartera y sus libros, dispuesto ya a acompañarle y Mario, un poco ceñudo, emprendió al instante el camino de la escuela.

Seguido de Antonio, subió el Cardo, que era una amplia y bien pavimentada calle que desembocaba en la plaza, o foro, como ellos la llamaban. Allí, en el foro, estaba la escuela de enseñanza secundaria, a la que Mario asistía.

Mientras que a la escuela primaria iban muchos niños y niñas, los estudios secundarios sólo eran seguidos por un reducido grupo de niños y muy pocas niñas. En la puerta estaba ya, como todos los días, el maestro o gramático, al que los muchachos iban saludando uno a uno, muy respetuosamente. Era éste un hombre sumamente delgado y de pequeña estatura, lo que hacía que su nombre resultara bastante cómico, pues se llamaba Hercúleo. Era griego de nacimiento y había sido esclavo durante varios años, pero tanta fama había alcanzado como educador, que su amo, que había tenido cinco hijos, todos ellos muy bien instruidos por Hercúleo, le había concedido la libertad.

Mario y sus compañeros se saludaron, por el contrario, muy poco respetuosamente.

—¡Eh, tú! Quítate de mi sitio si no quieres que te ponga un ojo morado.

—Tu sitio está en el banco de atrás, bravucón.

—Mirad, ahí viene Clodia —señaló uno de los chicos—. Cada día está más guapa.

—Eso y el dinero de su padre la salvarán de quedarse soltera. ¿Quién va a querer a una mujer tan instruida? —sentenció Julio.

Las ideas de Julio no resultaban, lamentablemente, en aquella época, nada extrañas. Los chicos eran, en general, muy machistas y soportaban mal que las mujeres fueran más cultas que ellos. De todas formas, Julio tenía su guerra personal con Clodia; mientras que ésta era una de las alumnas más aventajadas del grupo y escribía incluso sus propios poemas, Julio era el peor estudiante de todos. Sólo la férrea oposición de su padre a que abandonara los estudios, lo mantenía en la escuela, pero su único centro de interés eran los combates de gladiadores, las carreras a caballo y demás espectáculos de acción. El gramático no cesaba de reprenderlo y algunos de sus sarcasmos habían llegado a hacerse populares, como el de aquel día que Hercúleo mandó a Julio leer un fragmento de un dramaturgo griego llamado Menandro y viendo que éste exageraba la expresividad subiendo y bajando el tono de la voz un tanto absurdamente, le dijo:

—Si lo que haces es cantar, cantas muy mal; pero si lo que haces es leer, entonces, cantas.

A la lectura precisamente dedicaron la primera hora de clase. Los alumnos estaban tan habituados a las pedanterías de Hercúleo, que ya no se asombraban cuando les pedía que leyesen tal o cual pasaje de la obra de: «el piadoso Homero», «el dilecto Cicerón», «el pícaro Horacio», «el prístino Ennio»... y otros mil singulares adjetivos. Su afición por éstos era tal que no podía resistirse a utilizarlos con los propios alumnos:

—Léenos con tu límpida voz este fragmento de nuestro excelente Plauto, ingenioso Cecilio.

La lectura de los autores clásicos era casi siempre el primer trabajo del día. A continuación se establecía un coro de intervención sobre el contenido del texto, sobre su significado y sobre el estilo del autor. Las divagaciones de Hercúleo en esta segunda parte solían ocupar el tiempo restante hasta la hora de comer. Bien es verdad que a Mario y a casi todos sus compañeros les gustaba ver desplegarse la erudición del maestro que, en tales ocasiones, partiendo de un autor cualquiera, les llevaba con la imaginación, a través de la historia de Grecia y de Roma; les hablaba de los ríos y regiones desconocidas y, por eso mismo, fascinantes. Les contaba fantásticas historias de los dioses y héroes griegos: Orfeo, cuya música tenía poder sobrenatural; Linceo, el de la vista de águila; Artemisa, la diosa cazadora enemiga de los sátiros... Y, siempre, de Rómulo y Remo, aquellos niños arrojados al río Tíber en un cesto y amamantados por una loba que, pasados unos años, emprendieron la fundación de la ciudad de Roma.

Cuando llegaba la hora de almorzar y Hercúleo concluía sus divagaciones, la mayoría de los muchachos sentía la sensación de despertar de un sueño extraño y maravilloso. Apenas disponían de media hora para el almuerzo y tenían que volver a la escuela.

Mario, aquel día, no perdió ni cinco minutos jugando a las tabas, al aro o a la peonza con sus amigos, como solía hacer. Corrió por el Cardo abajo, mientras Antonio (que había permanecido charlando con otros esclavos en las proximidades de la escuela) le gritaba que no fuese tan deprisa. Tenía la esperanza de encontrarse con su tío al llegar, pero no fue así. Al entrar en el atrio* de su casa se encontró con la tranquilidad habitual. Su padre se hallaba sin duda en la Curia, pues raro era el día que llegaba antes de la una de la tarde. Su madre estaba en su habitación y había recibido la visita de unas amigas. Al entrar para saludarla, vio que estaban sumamente entretenidas eligiendo un sinfín de telas de brillantes colores que el sastre les iba mostrando con aire de prestidigitador y que a cada paso, arrancaban de las mujeres exclamaciones de asombro y admiración. Aquel día, sin duda, el sastre lograría vender un buen número de paños para la confección de estolas, pues tal era el nombre de los vestidos largos y suaves que usaban las mujeres.

Marcia, su antigua nodriza, ya le había colocado en la mesa de la cocina su comida y mientras Mario daba buena cuenta del pescado, el queso y las nueces, se distraía mirando a su hermana. Adriana jugaba con sus muñecas articuladas de madera, a las que, casi cada día, Mario tenía que componer algún brazo o pierna. En su cocina de juguete les preparaba pequeños bollos con un trozo de masa de pan que Marcia le había dado. Cuando el rito de alimentar a cada una de sus muñecas terminaba, Adriana volvía la mano hacia atrás con la masa, y era Lacónico, el pequeño perro, inseparable de la niña, quien, con poca gana, se lo comía. Después la vio sacar una pequeña cajita de concha con carmín y cómo se entretenía embadurnando la cara de las maltratadas muñecas. Era evidente que la había sustraído del tocador de su madre, pero Mario tenía con su hermana una relación de complicidad que le impedía quitársela o reprenderla. Sí le quitó, sin embargo, dos largos alfileres de marfil de los que su madre solía utilizar para sujetarse el cabello, pues, al ser muy punzantes, podía fácilmente herirse con ellos. Después de haberla besado y prometerle cien veces que, por la tarde, movería los títeres y le representaría un bonito cuento, Mario volvió a la escuela.

La primera hora de la tarde era la más temida por Mario. El maestro iba llamando uno por uno a varios alumnos al día y les pedía que recitasen cualquier fragmento de las obras que, a esa altura del curso, daba por supuesto que los muchachos debían haber memorizado. En estas ocasiones, Hercúleo, sentado en su sillón de maestro, adoptaba un aire digno pero alentador.

—Empezaremos por el distraído Julio. Recítanos los inconmensurables versos con los que comienza la magistral Ilíada del piadoso Homero. Ya te diré cuándo debes parar.

Que hubiese comenzado por Julio no dejaba de ser un aliciente, pues lo más que éste había logrado memorizar eran unas cuantas fábulas de Fedro, como una vez comprobaron, regocijados, sus compañeros. Fue un día en el que Hercúleo, aquejado por aquellos frecuentes dolores de cabeza (que las malas lenguas achacaban a su afición al vino), le había pedido que recitase los versos de «El Canto Secular», del poeta Horacio.

Apenas recitados los dos o tres primeros versos, que eran los únicos que Julio recordaba y viendo que el maestro caía en un dulce sopor, continuó con el mismo tono lírico declamando la fábula de «La zorra y el cuervo», «La hormiga y la mosca», «El lobo y el cordero»... así, hasta que Hercúleo, despertando y dudando de si era al sueño a quien debía achacar la última frase que acababa de oír y que, obviamente, no era de Horacio, le mandó sentarse.

Pero aquel día Hercúleo no daba muestras de querer dormirse y la mala memoria le valieron al «distraído» Julio unos cuantos azotes con aquel palo de sarmiento que Hercúleo llevaba con tanta dignidad como un rey su cetro.

Después venía la clase de matemáticas y geometría que, generalmente, duraba poco, pues Hercúleo, al igual que la mayoría de los maestros de su tiempo, consideraban que tales ciencias no tenían por sí mismas demasiada entidad. En esto más parecía Hercúleo romano que griego, pues los griegos avanzaron mucho en ambos campos y consideraban que tales ciencias eran una parte esencial de la sabiduría. Pero los romanos tenían un sentido práctico de la ciencia: ésta debía valerles para triunfar y para ello era fundamental ser buenos oradores. En cuanto a las matemáticas, sólo se precisaba saber lo necesario para llevar bien la administración de los bienes.

De forma que, si bien en la gramática, literatura y filosofía, principalmente,

habían progresado mucho desde que finalizaron los estudios primarios hasta ahora, en estas otras ciencias se encontraban poco más duchos que entonces: con los principios de Euclides y las cuentas del ábaco* y poco más.

La última clase versaba siempre sobre filosofía, aunque tal concepto incluía otros muchos conocimientos. Durante las largas disertaciones de Hercúleo sobre Platón, Aristóteles, el concepto de Estado, que inevitablemente le llevaba a la historia de Roma y la religión que, curiosamente, siempre le llevaba a la astronomía, los alumnos tomaban apuntes a toda velocidad. A la mayoría les resultaba muy difícil sintetizar las prolijas explicaciones del maestro y habían aprendido una especie de taquigrafía que les permitía escribir palabra por palabra el discurso entero. El resultado era una gran cantidad de tablillas llenas de apuntes, que luego habrían de memorizar.

Mario terminó aquella clase con menos tablillas que sus compañeros, pues frecuentemente se le desviaba la mirada hacia el mapa del Imperio Romano colgado en la pared intentando recorrer mentalmente el itinerario que, si Júpiter le ayudaba, pronto emprendería con su tío Lucio.

Cuando la clepsidra* indicó que la clase había terminado, los muchachos se prepararon para ir a las termas.

La hora del baño era generalmente la mejor del día. Mario se dirigió con sus compañeros a las termas bromeando sobre la larga jornada de trabajo.

—Dentro de pocos días terminarán «los trabajos de Hércules». Faltan apenas siete días para las vacaciones —dijo Julio.

—El pobre Hercúleo es el que tiene trabajo contigo.

Las risas del grupo corearon el chiste de Cecilio.

—Reíros si queréis, pero cuando me libre, dentro de una semana, del piadoso Homero y toda la panda, vendréis a pedirme que os enseñe a lanzar la jabalina y el disco y me veréis ganar en el circo todas las carreras de caballos.

—Es una lástima, Julio, que tu padre sea curial y rico. Si hubieras nacido esclavo seguro que habrías sido un excelente gladiador —añadió Mario—. Claro si sigues así en la escuela, todavía tienes la oportunidad de que un día tu padre se harte de ti y te venda en el foro como esclavo.

La broma terminó con una breve pelea entre Julio y Cecilio, pues Cecilio prefirió aceptar la derrota rápidamente a soportar valientemente los golpes del frustrado gladiador.

Cuando llegaron al pórtico de entrada del edificio de las termas, se dirigieron al guardarropa. Cada uno depositó su ropa y demás enseres en una alacena y dejaron la propina acostumbrada al vigilante para que cuidara de sus cosas.

El primer baño se lo daban en el *caldarium*, que eran baños de agua caliente. Estaban en una habitación amplia y luminosa y las grandes dimensiones de la piscina les permitían hacer competiciones de natación. Julio, como es fácil adivinar, solía ganar casi siempre en velocidad, en cambio Mario aguantaba buceando más tiempo que ninguno. Después pasaban al *tepidarium* que tenía una temperatura templada y preparaba el cuerpo para el *frigidarium;* estas terceras piscinas, como su nombre indica, eran de agua fría. La gente mayor solía prescindir de las de agua fría y se limitaban a las piscinas de agua templada y caliente, pero los muchachos aprovechaban la oportunidad de estar casi solos en éstas para hacerse «aguadillas» y gastarse bromas sin miedo a ser reprendidos.

A continuación, algunos pasaban a los baños de vapor (que eran los que conocemos como «baños turcos») y sentados en los bancos de mármol jugaban a adivinarse unos a otros tras la densa nube de vapor.

Los que habían quedado agotados, reponían fuerzas en las tabernas situadas en la sala de gimnasia, o palestra, comiéndose bocadillos de carne, queso o garum. Pero la mayoría de los jóvenes dedicaba todavía un buen rato a realizar ejercicios físicos tales como la halterofilia, el salto, el juego de la pelota (similar al frontón), o la lucha greco-romana. Esta última exigía que los dos contendientes se aplicaran aceite por el cuerpo y, abrazados, medían sus fuerzas hasta caer de espaldas uno de los dos. Así, engrasados los luchadores, precisaban aún de un cuarto baño en la piscina que había en la palestra. El último rito eran los masajes que recibían tumbados en bancos de madera. Terminado el trabajo de los hábiles masajistas, éstos limpiaban la grasa de sus cuerpos con los *strigiles*, una especie de semidiscos metálicos, que les debían dejar, sin duda, como nuevos.

Al terminar, Mario corrió a casa como un galgo, mientras el pobre Antonio, cargado con las toallas, corría tras él murmurando algo sobre no sé qué espíritu loco que se había adueñado de su amo. También sus compañeros se extrañaron de su prisa pues, generalmente, solían quedarse un rato paseando por el foro, muy animado a aquella hora.

Los preparativos y el viaje

CUANDO Mario llegó al atrio de su casa, vio a su tío Lucio que acababa de hacer su ofrenda a los lares* familiares. Apenas su tío le vio, se dirigió hacia él, extendiendo sus manos para abrazarlo.

—¡Por Hércules! ¡Estás hecho ya un hombre! ¡Qué estatura la tuya! ¡Estás dejando pequeño a tu padre!

El tío Lucio, o para ser más precisos, Lucio Mario Quinto, era, como todos los de la Bética, un tanto exagerado. Hablaba además el latín con un acento que a la gente de otras zonas les resultaba gracioso.

A continuación, toda la familia pasó al comedor. Allí era donde se cenaba por ser esta la comida más importante del día. En torno a la mesa se colocaban los triclinios. Sólo faltaba Adriana que ya había cenado y descansaba en su camita.

Mientras iban pasando los alimentos (espárragos, pescado, carne de cordero con acompañamiento de verduras, salchichas y otros embutidos y los postres), su tío Lucio les contaba cosas de Hispalis, ciudad en la que vivía desde antes de nacer Mario. Su madre y Mario se cruzaban miradas en las que se adivinaba el temor, por distintos motivos, a la respuesta del padre cuando Lucio plantease su propuesta. Su madre temía la aceptación de éste y Mario la negativa.

Fue al final de la comida cuando Lucio abordó el asunto.

—Dentro de ocho días partiré para el Norte. Tengo grandes pedidos de oro que debo atender sin falta en el otoño. Tú nunca has visto las minas de oro ¿eh, Mario? Sería bueno para el chico, hermano, que le dejaras acompañarme. El estará ya libre de la escuela y siempre he sostenido que las vacaciones a esta edad deben servir para seguir acumulando conocimientos. ¿Recuerdas, hermano, aquellas vacaciones en las que acompañamos a nuestro padre a Tarraco? Siempre te oí decir que fue uno de los veranos mejores de tu vida.

—Así fue, Lucio. Ya esta mañana he tenido noticias de tal viaje y no veo razón para que Mario no pueda acompañarte. En estos días tomaremos toda clase de medidas para que la seguridad del viaje sea mayor, si cabe, que la que tú le ofreces.

Su padre sonrió maliciosamente mirando a Mario y éste dudó entre arrojarse a sus pies, agradecido, o abrazarle por la misma razón. Finalmente, murmuró unas palabras entrecortadas que nadie entendió pero que eran elocuentes de la emoción del muchacho. Se puede decir que era su primer viaje, pues él, al igual que la mayoría de los chicos, no había ido mucho más allá de los pueblos circundantes de Emerita Augusta.

Cuando, más tarde, Mario se retiraba a su dormitorio, su tío le murmuró con falso aire ofendido:

—Debes tener muy poca confianza en mí cuando tenías tantas dudas de que lograra el permiso de tu padre.

—Es que me parecía un sueño —señaló Mario.

—Entonces debes tener más confianza en los sueños. Los dioses nos hablan, a veces, a través de ellos.

Los días anteriores al viaje se convirtieron para Mario en una sucesión de espacios de tiempo interminables, seguidos por otros que pasaban vertiginosamente. En la escuela le sorprendió Hercúleo varias veces distraído, pero terminó por aceptar su falta de concentración cuando supo, por otros chicos, la razón de la misma.

El día de las kalendas de junio era festivo, al igual que lo eran las nonas* y los idus*. Aquel día había, además, una representación en el teatro de los alumnos de las escuelas de la ciudad. Algo así como una despedida de curso. Allí estaban los maestros, los familiares y amigos de todos los que actuaban. La primera intervención fue una pantomima que resultó enormemente pesada.

Después hubo un concurso de poesías, y el jurado, con toda justicia, concedió el premio a Clodia.

Luego siguieron nuevas danzas, entre ellas la más aplaudida fue la que ejecutaron Mario y sus compañeros. Era una danza pírrica y era de origen griego. Todos ellos, vestidos con elegantes túnicas, formaban al son de la trompeta, cuadros de verdadero ballet: círculos, líneas oblicuas, ajedrezados, etc...

Por último, Julio y Cecilio formaron un dúo cómico que el público celebró mucho, aunque los chistes, justo es decirlo, no fueran muy buenos. Uno decía al otro:

—Oye, ¿qué tiene que ver esta mujer contigo?

—Es mi esposa —contestaba.

—Ah, claro, se te parece mucho.

Tal era el tenor de sus gracias. Cuando acabó la representación, Mario volvió a casa con sus padres y su tío dispuesto a emprender el viaje al día siguiente.

Cuando a las cinco de la mañana salieron de viaje por la puerta norte de la ciudad, su madre le había hecho prometer tantas cosas que no podía recordarlas todas, y su padre, abrazándole, le había dicho:

—Hispania es diversa, como verás, hijo. No midas a los hispanos con juicios estrechos. El genio romano consiste en saber integrar la diversidad en la unidad.

La comitiva estaba compuesta por su tío Lucio, el secretario de éste, que era un liberto llamado Flaco, tres esclavos, el propio Mario y su fiel Antonio. Además se había sumado al grupo un comerciante de aceite de Astigi, conocido de su tío, que seguía su misma ruta. Este llevaba varios carros cargados con ánforas de aceite e iban acompañándole cuatro ayudantes suyos. Todos iban en caballos o en mulos. Mario había querido también cabalgar, pero su madre había sido inflexible en ese punto. Se le había preparado un carromato, cubierto con una lona y tirado por dos mulos.

Mario veía los miliarios* de la vía que iban restando millas a medida que se alejaban de Emerita. Ciertamente, Emerita no era Roma, pero Mario se dio cuenta en aquel momento de cuánto quería a su ciudad. Ese sentimiento no aminoró, no obstante, la ilusión del viaje.

Su tío procuraba cabalgar, de vez en cuando, al ritmo del carro en el que iba Mario y le explicaba diversas cuestiones del viaje.

—Hoy va a ser una etapa muy larga, Mario. Normalmente haremos unas 20 millas diarias, pero hoy intentaremos llegar hasta Norba Caesarina. Hay allí una excelente posada que conozco. Sólo pararemos antes, a mediodía, a almorzar un poco.

—Dime, tío. ¿Es Norba tan grande como Emerita?

—No, no es ni tan grande ni tan hermosa, aunque es también una ilustre ciudad lusitana. Los habitantes de Norba y sus entornos se llaman vetones.

—Valientes bribones —dijo Plocio, que así se llamaba el comerciante de aceite—. Vetones o no, dieron mucha guerra a los romanos y éstos se portaron harto bien con ellos.

Lucio se rió de buena gana.

—No le hagas mucho caso, Mario —intervino su tío Lucio—. Plocio habla así porque en su último viaje se alojó en un mesón de Norba donde le robaron el dinero que llevaba, después de vender su aceite. Desde entonces volaría por encima de ella, con tal de evitarla.

—Tal haría si pudiera, desde luego —añadió Plocio, torvamente.

—Pero algo de lo que ha dicho es verdad —prosiguió Lucio—. Los vetones eran aliados de los guerrilleros lusitanos y Viriato... ¿Os han explicado en la escuela quién fue Viriato? —preguntó, dirigiéndose a Mario.

—Algo recuerdo. Creo que era un pastor valiente y muy entendido en la guerrilla.

—Así es. Pues los vetones le apoyaron y lucharon junto a él contra los roma-

nos. Pero una vez vencido Viriato y pacificada la zona, César convirtió a Norba en colonia romana. Además instaló en la ciudad un grupo muy numeroso de antiguos ciudadanos venidos de Roma. Ahora es una próspera ciudad. Las vegas que la rodean son tierras fértiles y bien trabajadas, aunque el resto de la zona es más apta para la ganadería.

Al caer la noche llegaron a la ciudad. Entraron por la puerta sur de las murallas y se dirigieron hacia una posada de aspecto sumamente agradable. Después de haber dejado los caballos y carruajes en el establo, se dirigieron al comedor. Había allí dos individuos que discutían acaloradamente. Cuando la tensión creció y ya uno de ellos se preparaba a solventar las diferencias violentamente, los vieron entrar y el belicoso caballero, mudando la expresión de su rostro, se acercó a Lucio, al que conocía, saludándole efusivamente. Se trataba, como luego supo Mario, de un recaudador de impuestos y alguna relación debía de haber entre su profesión y la disputa que había mantenido con el otro personaje. Éste era un acaudalado terrateniente que vivía en Castra Cecilia. Este pueblo, junto con otro que se llamaba Castra Servilia, se encontraban próximos a Norba y dependían administrativamente de esta última ciudad.

Cuando apareció el posadero con las viandas, ya estaban todos acomodados y hablando amistosamente. La cena fue excelente. Mario devoró sucesivamente sus raciones de col fermentada, guiso de conejo con zanahorias, empanada de pescado y, por último, ciruelas confitadas.

Plocio, tranquilizado a medias por la dignidad de los huéspedes que allí se alojaban, abandonó su proyecto de permanecer en vela toda la noche custodiando su bolsa y consintió en irse a dormir.

Las siguientes jornadas pasaron sin contratiempos. Mario escuchaba atentamente las explicaciones de su tío y había decidido llevar una especie de diario donde anotaba algunas de las curiosidades que éste le explicaba y otras que él iba viendo.

Al cabo de cuatro días llegaron a una pequeña ciudad llamada Salmantica*.

—Los hombres de estas tierras se llaman vacceos. Tenían y tienen excelentes tierras, muy aptas, sobre todo, para el cultivo de cereales. Antiguamente eran gente curiosa, Mario. Fíjate que entre ellos no había pobres: trabajaban las tierras en común y se repartían las cosechas en proporción a sus necesidades.

—Son poco habladores, huraños, diría más bien —apostilló Plocio—. Pero tienen un hermoso río y mañana, antes de partir, podríamos darnos un agradable baño, ¿eh, chico?

La posada a la que llegaron no era tan confortable como la de Norba, pero era bastante más aceptable que algunas en las que habían recalado los días anteriores. No obstante, les pasaron dos hechos desagradables. El primero fue encontrar a un posadero excesivamente dado a amedrentar a los viajeros, hasta el punto de que Plocio, sumamente sensible a tales argumentos, renovó sus intenciones de no dormir aquella noche. El posadero no cesaba de narrarles desgracias sin cuento sufridas por los incautos viajeros.

—Nunca esperen a que caiga la noche. Son las horas más peligrosas. Hace pocos meses que sucedió el caso de dos distinguidos caballeros a los que una cuadrilla de bandidos secuestró y encerró en una guarida cerca de aquí. Luego pidieron un elevado rescate por ellos. Desgraciadamente, sólo la familia de uno de ellos pagó. El otro fue asesinado, a lo que presumo con poco dolor por parte de su esposa que a los pocos meses contrajo nuevas nupcias con el que había sido su amante. Nunca se puede estar seguro. Usted, por ejemplo —dijo señalando al desconfiado Plocio—, parece un próspero comerciante. Cualquier truhán adivinaría que su familia podría pagar una elevada suma por usted, eso sin contar con la repleta bolsa de denarios que sin duda lleva encima.

Aquel era un aspecto nuevo que Plocio nunca se había planteado: ¿Pagaría Agripina, llegado el caso, un rescate por él? Sin duda, la respuesta no debió parecerle muy tranquilizadora pues, apenas marchado el posadero, propuso que a la mañana siguiente compraran en la ciudad, antes de partir, un buen número de ballestas y dardos e incluso lanzas.

El segundo infortunio fue que la mesonera, mientras asaba unas perdices, oyó a su hija que se caía en la escalera. El percance no era grave. La niña apenas se había lastimado, salvo unos cuantos arañazos sin importancia, pero las perdices se habían quemado sin remedio. Tuvieron, pues, que contentarse con unas tortas, algo de queso y jamón. Este último, aunque escaso para el hambre que tenían, era excelente y el mesonero les explicó detenidamente su preparación.

—Separo las patas de los muslos del cerdo y éstas las meto en sal. Allí permanecen al menos siete días, luego las cuelgo al viento durante varios días más. A continuación las cuelgo al humo del lar, para lo cual tengo unos ganchos especiales...

Como el jamón se había terminado, pero la explicación aún continuaba, la mayoría de ellos pensaron que una elaboración tan complicada precisaba de un mesonero menos hablador si se quería que el resultado fuera más abundante.

Cuando se retiraban a dormir, Lucio, que se había divertido interiormente con los temores de Plocio, le susurró a Mario:

—O este mesonero es la excepción que confirma la regla, o Plocio conoce el carácter de los vacceos tan mal como el de los frigios.

Al día siguiente, encontraron a Plocio y dos de sus esclavos dormidos en la cocina. La vigilia había durado hasta pocas horas antes, razón por la cual, al despertarles, estaban cansados y ojerosos. No obstante, después de desayunar, bajaron todos al río y se dieron un buen baño. Después, como Plocio se negaba a continuar el camino sin lo que él llamaba «una mínima protección», Mario se prestó a acompañarle, junto con Antonio, mientras los demás les esperaban en la puerta de la ciudad.

El foro de aquella ciudad era pequeño y sus mercaderías insignificantes al lado de la variedad y cantidad de las que se ofrecían en el de Emerita. No obstante, mientras Plocio trataba de llegar a un acuerdo económico con un artesano que le ofrecía tres endebles ballestas, inútiles hasta para alcanzar a un conejo dor-

mido, Mario compró en un puesto unos hermosos pendientes de filigrana de plata para su madre.

Cuando llegaron cargados con aquellos armatostes, vieron que se habían incorporado a la comitiva dos nuevos personajes. Se trataba de dos soldados. Éstos eran hermanos y venían desde Olisipo*, donde habían asistido a los funerales de su padre. Ambos se dirigían a su campamento, que era la Legión VII Gemina. El mayor de ellos, Marcelo, era centurión*. Quinto, el menor, era un simple soldado de Infantería.

Marcelo accedió a acompañarles un trecho del camino, con gran regocijo de Plocio que, considerando inútiles, de momento, las ballestas, las depositó en el carro de Mario, para incomodidad de éste.

Durante el camino, Quinto se colocó al nivel de Mario, quien aprovechó para preguntarle cosas sobre la vida en el campamento.

—Muchacho, es una vida dura, pero útil. Hacemos instrucción, marchas, esgrima, prácticas de lanzamiento de jabalina, de tiro de piedra... Y cuando no estamos en guerra, hacemos todo tipo de trabajos. Mi padre, al que ruego que los dioses acojan, tenía una cuadrilla de albañiles y era capataz de obras. Yo, de no ser soldado, sería albañil. Pero ahora soy las dos cosas: soldado, si surge el caso y, mientras tanto, construyo un puente junto a otros camaradas, pero ya he participado en la construcción de casas en el campamento y hasta de las cloacas de algunas ciudades de la zona.

El carácter expansivo de Quinto era vigilado a hurtadillas por Marcelo y como a éste no parecía gustarle el tenor de las confesiones de su hermano, le hizo una seña para que se callase.

—Debe ser duro —dijo Mario, bajando la voz— tener un hermano centurión.

—Sí, pero, afortunadamente, allí no formo parte de su manípulo*. Mi centurión es, al contrario que él, un hombre afable. Marcelo es valiente, pero duro. Está haciendo una pequeña fortuna a costa de las multas que impone a sus soldados. Es inteligente, ¿eh?

Aquel conciliábulo se terminó cuando decidieron parar, junto a un manantial, para almorzar. Antonio bajó la cesta con las provisiones y su tío Lucio procedió a hacer el reparto de lo que había: pan, lomo de cerdo, higos y aceitunas. El centurión aceptó gustosamente la invitación y tomó su parte, pero demostrando aquella peculiar «inteligencia» suya, se quedó con la ración de lomo de su hermano.

—Para un soldado es suficiente comida pan y aceitunas. Acuérdate de aquella famosa arenga de un general a sus soldados, que para ti debe ser como una máxima: «Come como si esta noche tuvieras que cenar entre los muertos».

—Y así ha de sucederme, hermano, si sigues aplicándome esta dieta. Pues ya hace diez días que salimos de Olisipo y no he probado otra cosa que pan y aceitunas.

Marcelo, comiendo a dos carrillos, dirigió una entristecida mirada a Plocio y a Lucio.

—Esta es la gratitud con la que corresponde a mis desvelos por intentar hacer de él un digno hijo de Marte.

El pobre soldado se comió su menguada ración sin replicar. Poco después de la comida, el centurión decidió abandonarlos, pues nuestros amigos, a causa de los carros de aceite, no podían avanzar a tanta velocidad como su repentina prisa le exigía. Después de varios saludos militares, espoleó su caballo y le vieron perderse en el horizonte, seguido a poca distancia por el infeliz Quinto.

El viaje continuó sin incidentes dignos de mención, si exceptuamos el escozor y las molestias en los ojos que Mario comenzó a sentir al día siguiente. Su tío, alarmado, decidió adelantarse con Mario a Brigaetium*, que era la ciudad más cercana, y esperar allí al resto de la comitiva. La ciudad era pequeña; aun así, confiaban que contara con la existencia de un médico. Efectivamente, les indicaron la dirección de uno y hacia allá se encaminaron.

El médico era un hombre entrado en años, calmoso y con un aire de gran dignidad. Les informó que había sido médico del ejército durante varios años y ahora se contentaba con la pequeña clientela y la gran tranquilidad de su pueblo natal. Les hizo pasar a una amplia estancia llena de estantes con pócimas y todo tipo de bálsamos, así como el inquietante instrumental de todos los médicos: tenazas, bisturís, tijeras, cucharitas, etc. Mario se sentó donde el médico le indicó y éste sacó de su maletín una lupa a través de la cual le observó los ojos detenidamente. Aquella calma estaba crispando los nervios a su tío, que se retorcía las manos con impaciencia.

—¿Es grave? —le preguntó reiteradamente.

Al fin, con la misma parsimonia, guardó la lupa y se volvió hacia él.

—No, por supuesto. Es una inflamación leve de la conjuntiva. Sumamente frecuente en los viajes, por causa del polvo del camino. Prepararé en un momento

un líquido y te lo aplicarás en los ojos durante los próximos ocho días, por la mañana y por la noche. Si acaso perdieras o derramaras este preparado, te voy a escribir la fórmula en una tablilla a fin de que te la puedan repetir.

En unos minutos le entregó un frasco con un líquido espeso y, con un tubillo, le aplicó en los ojos una generosa dosis. Se volvió hacia su mesa, escribió la receta y la firmó con el sello de su anillo.

Mientras esperaban a los otros viajeros, el médico les ofreció asiento en el pórtico y los sirvientes dispusieron enfrente de ellos una mesa con varias jarras de vino, agua y leche, así como unas empanadas de carne y un surtido frutero. Mientras comían, el médico les iba relatando algunos de los avatares de su vida. Se veía claramente que, aunque viejo y cansado, no dejaba de recordar con nostalgia los años pasados en la Marina de Guerra, donde sirvió durante más de treinta años. Como médico, siempre insistía, obsesivo, en las enfermedades de los marineros. Pero contó, de paso, algunas de las aventuras que había vivido con los piratas y Mario escuchó éstas sumamente interesado.

Había recorrido toda la cuenca del Mediterráneo, así como otros mares remotos, el Atlántico, el mar Báltico, etc...

—Treinta años comiendo ajos para luchar contra el escorbuto que ha causado más bajas en los mares extranjeros que los barcos enemigos.

Cuando Plocio y los demás llegaron, se despidieron del hospitalario médico, al que dejaron rumiando sus recuerdos.

Dos días después, entraban en Asturica Augusta, la última parada antes de llegar a las minas de oro. Era una ciudad rica y hermosa. A Mario le recordó mucho su ciudad que, al igual que ésta, también había sido fundada por el emperador Octavio Augusto.

A las puertas de la ciudad, se despidieron de Plocio y los suyos con cierta pena. Éste había llegado ya a su meta. Allí vendería a muchos denarios sus ánforas de aceite astigitana y luego emprendería otra vez el regreso a su tierra. Cargado con sus ballestas y seguido de sus carros, se dirigió hacia el foro.

Mario y su tío se encaminaron a la casa de un augur de la ciudad, antiguo amigo de Lucio, donde se alojarían.

Cuando llegaron a la casa, éste les recibió efusivamente. Era un personaje alto y fuerte, con una expresión jovial y un tanto irónica en el rostro. A Mario le costaba representárselo con su traje oficial de augur: su toga con rayas de púrpura, su bastón curvo, su cabeza coronada... El aire de seriedad de los augures de Mérida le habían hecho pensar que era algo consustancial a todos los augures. Este no se les parecía en absoluto. Se llamaba Aulo Cornelio Sexto y era soltero, al igual que Lucio. Mario observó que tenía en su casa gran cantidad de animales. Durante el recorrido había visto dos perros, un gato, varios pájaros en jaulas y un loro en su percha. Como si Cornelio adivinase sus pensamientos, le dijo, riéndose:

—Son los libros en los que estudio, en cierto modo. Tengo, además, dos mirlos y muchas aves en el corral.

Mario se entretuvo con el loro hasta la hora de la cena. Este tenía un día poco locuaz, pues aunque Cornelio le había dicho que conocía muchas palabras, Mario no consiguió arrancarle de su tonta letanía: «¡Viva, Cornelio!», «¡Viva, Cornelio!».

Durante la cena, Mario escuchaba interesado los augurios más notables que Cornelio había interpretado, examinando el vuelo o el canto de las aves, la forma en que éstas comían, las entrañas de las víctimas consagradas a los dioses e incluso los truenos, relámpagos y demás fenómenos atmosféricos.

Mario, aprovechándose de la simpatía y locuacidad de Cornelio, le preguntaba constantemente acerca de sus augurios:

—¿Cómo sabes, por ejemplo, que Júpiter te envía su aprobación a la construcción de un edificio público cualquiera analizando las vísceras de un animal?

—Es muy sencillo. Júpiter me da a conocer su voluntad claramente. Hace días, precisamente, tuve que decidir acerca de la construcción de un puente en un punto concreto. Al examinar el hígado del cordero sacrificado observé una depresión oscura y profunda en la parte izquierda del mismo. Evidentemente, el sitio elegido no era el adecuado. Posterioremente, un miembro de la Curia municipal se enteró, por un ciudadano de Lucus* que hace muchos años había existido un puente en aquel lugar y apenas un año después se había derrumbado. Cuando se eligió un nuevo emplazamiento, un trueno me hizo saber que si se construía el puente ahí, perviviría durante siglos.

Cornelio se ofreció a hacerle un augurio a Mario respecto a si sus planes, fueran los que fueran, tendrían éxito o no. Mario aceptó encantado. Cornelio mandó que le trajeran dos aves de sus corrales y al sacarlas de la jaula, depositó una rosca de pan ante ellas. Las aves ignoraron la rosca y se pusieron a batir las alas corriendo en todas direcciones.

—Mario, paciencia. Los dioses consideran que aún es demasiado pronto. Tendrás aún que esperar unos años.

Su tío no entendía nada, pero Mario se sintió traspasado por la mirada de Cornelio y sumamente impresionado por su ciencia adivinatoria. Sus planes, sus secretos planes, que nadie conocía... ¡los había adivinado Cornelio!

Para aliviar la impresión que supo había producido en Mario, Cornelio se puso a bromear sobre los incrédulos:

—Has tenido mejor perder que P. Clodio que, en vísperas de la primera guerra contra los cartagineses, vio que los pollos que había sacado el augur de la jaula no querían comer. Y él, contrariado en sus planes, arrojó los pollos al mar diciendo: «¡Pues si no quieren comer, que beban!».

Aquella noche, en la cama, Mario reflexionó sobre el augurio. Empezó a tranquilizarse diciéndose que todo aquello eran simples tonterías. Su propio padre no tenía ninguna confianza en tales prácticas. Era absurdo olvidar sus planes por algo tan insensato como la inapetencia de los pollos. Llegaría a Flavionavia y allí se embarcaría con destino a Roma. Sí, llegaría a Roma. Lo que haría allí era algo que nunca había pensado detenidamente. Se imaginaba la vida en la ciudad como un inmenso espectáculo: el emperador Vespasiano y su séquito, los senadores romanos, el Circo Máximo, el Campo de Marte donde se celebraban las carreras de carros, los foros romanos, cubiertos con velos de lino para protegerse del calor del verano y llenos de encantadores de serpientes, saltimbanquis y gente de todos los rincones del mundo. También, las innumerables estatuas y templos a todos los dioses... Se inscribiría en una de las asociaciones de jóvenes de la ciudad y se mantendría con la comida que se repartía gratuitamente a los romanos; así se lo había oído decir a su padre. Luego volvería a Emerita... El regreso, seguramente, no sería muy agradable: su padre estaría muy enfadado, pero se le pasaría. ¡Cuántas cosas podría contar a sus compañeros! Al arrullo de estos agridulces pensamientos, Mario se durmió.

En el Norte

LA mañana en que emprendieron el viaje a las minas de oro, Cornelio les acompañó durante un trecho. Mario tenía la sensación de que le observaba y de que quería hablar con él. En cualquier caso, no se decidió a hacerlo. Al cabo de pocas millas, se despidió de Lucio, del secretario Flaco, de Antonio y los otros esclavos y por último le entregó a Mario un pequeño talismán provisto de una cadena.

—Es una piedra llamada coridón. Su resistencia y transparencia, al contacto de tu piel, te protegerán contra la debilidad y la falsedad. Acéptalo como recuerdo y... como desagravio: las aves estaban hartas de comer cuando salieron de la jaula.

Todos se rieron con la broma, pero Mario supo que las palabras que Cornelio había pronunciado la noche anterior, no las había dicho por azar.

Su tío Lucio, cabalgando al paso del carromato de Mario, siguió informándole acerca de lo que iban viendo y Mario tomaba, cuando los baches del camino se lo permitían, notas en su diario.

—Asturica Augusta es la capital de los astures. Estas gentes están divididas

en dos zonas por una cadena montañosa. Los astures del sur se parecen más a nosotros en sus costumbres y en su forma de vida. Los del norte son gente peculiar. Entre éstos hay pocas ciudades como las nuestras, pues conservan aún las ciudades en las que vivían antes de pasar a ser territorio romano: son más que ciudades, aldeas, levantadas en lo alto de pequeños promontorios que llaman castros. Sus casas son circulares, muy pequeñas y carecen por completo de comodidades.

—¿Viven todos así? —preguntó Mario, lleno de curiosidad.

—No todos, Mario —contestó su tío Lucio—, pero sí la mayoría. Tampoco encontrarás mucha gente con la que conversar, pues muchos de ellos no hablan latín. ¡Ah!, y la comida es probable que tampoco te guste; no utilizan aceite para cocinar, sino manteca. Tampoco es fácil encontrar allí pan, sino que en su lugar comen unas tortas duras que hacen con bellotas machacadas. Me temo, querido Mario, que será la parte menos cómoda del viaje pero, probablemente, quedará compensada con la belleza del paisaje y la experiencia de conocer cosas nuevas.

—¿Está entre esos astures del norte el *Mons Medulius* al que nos dirigimos?

—No, ahora llegaremos a las minas de oro de Las Médulas. Pero al otro lado

de los montes hay varios yacimientos auríferos a alguno de los cuales tendremos también que acercarnos. No sé..., empiezo a sentirme preocupado por ti.

—Tío, no me trates como a un niño. Olvida esas preocupaciones.

Cuando llegaron a las minas de oro de Las Médulas, su tío se dirigió a la oficina del *procurator metallorum*, que era quien dirigía todo el distrito minero. Como la conversación entre ambos iba a ser larga, Mario quedó al cuidado de un capataz. Este era un hombre rudo y antipático. A Mario le pareció que mascullaba algo sobre «la poca gracia que le hacía hacer de niñera», pero como el *procurator* le había insistido en que atendiera al muchacho en todo momento, no le quedó otro remedio que acompañarle.

Mario observó, en primer lugar, la multitud de hombres que trabajaban en las minas. Haciendo caso omiso del carácter adusto de su guía, decidió informarse a fondo de todo cuanto pudiera.

—¿Todos estos hombres son esclavos? —preguntó Mario—. ¿Dónde viven?

—No todos. Hay esclavos y hay hombres libres. Los primeros viven en aquella zona de atrás —Mario acertó a divisar unos barracones de aspecto aterrador—, los demás, en poblados de los entornos.

Mario veía a los hombres trabajar en unas condiciones de dureza como nunca había imaginado. A lo largo del recorrido, les veía picar infatigablemente, socavando la tierra, azuzados por los capataces. También vio algunos pozos y galerías subterráneas en donde otros hombres trabajaban —como su guía le informó—, como topos, en la oscuridad. Otros transportaban carretas con oro y tierra mezclados hacia unos estanques de madera en los que volcaban su carga. El ritmo del trabajo era incesante.

—¿Para qué son esos enormes canales de agua que se ven por toda la montaña y por el valle?

—Parece que no entiendes nada, muchacho. Por esos canales baja el agua con fuerza y derriba grandes masas de tierra. En la tierra derribada hay oro. Esas masas de tierra son lavadas en aquellos estanques; la tierra se deshace y el oro se sedimenta. A veces también se utiliza fuego; el fuego y el agua, alternativamente, van desmoronando la montaña. Es un sistema más eficaz y rápido que el de picar, pero también los picadores hacen falta. Todo sirve con tal de que el resultado sea el mismo: la decantación del oro.

Se veía que el capataz disfrutaba con la ignorancia del chico. El, que llevaba tantos años en las minas, no podía comprender cómo alguien podía ignorar cosas tan elementales. Le mostraba las distintas zonas como si se tratara de su propia mansión.

—Los canales son muy largos. Figúrate que algunos tienen más de 15 millas. Traen el agua de distintas partes. Luego, se distribuye por toda la red de canales que ves y que están estratégicamente situados por toda la montaña. Cuando aumenta la presión: ¡pum! se viene abajo una gran masa de tierra. Algunos de estos desgraciados, desprevenidos, se vienen abajo también. Pero ven, mira, mira en los estanques, fíjate cómo lavan el oro. ¿Lo ves cómo se sedimenta?

Mario consideraba ciertamente admirable aquella obra de ingeniería; pero no podía evitar la tremenda impresión que le producía la dureza de aquel trabajo, ni los malos tratos que los capataces infligían a los mineros. Veía los rostros macilentos, los cuerpos envejecidos... Inconscientemente, se volvió hacia Antonio. Este tenía una expresión de espanto en su rostro. ¡Qué diferente era ser esclavo en una mina o en una casa! En su casa los esclavos eran como miembros de la familia. Se les quería. Incluso los que trabajaban en las tierras de su padre, eran tratados con consideración y sus condiciones de vida no tenían nada que ver con las de estos pobres desgraciados. Todavía recordaba la tristeza de toda la familia y las lágrimas de su madre, cuando murió una vieja esclava que había criado a su madre desde niña y que había llegado a la casa cuando ella se casó.

Es verdad que en su ciudad había algunas personas que no trataban bien a sus esclavos, pero eran muy pocos y además la gente les criticaba y condenaba tal proceder.

Algo debió intuir el capataz de lo que pasaba por la cabeza de Mario y, brutal como era, no pudo resistir la tentación de provocarle, tal vez en broma:

—Este mozo —dijo refiriéndose a Antonio— tiene una complexión estupenda. Yo haría un excelente picador de tu esclavo. Estoy por proponerle al *procurator* que lo compre. Seguro que pagará bastante por él; está bien alimentado y es joven. Aquí no abundan los esclavos como éste.

Antonio sintió un terror súbito que casi le hizo desvanecerse. Pero Mario, indignado y furioso, por semejante propuesta, no pudo contenerse y propinó al capataz, desprevenido, un fuerte puñetazo en la mandíbula. El capataz hizo un ademán de levantar el látigo, pero recordó a tiempo que aquel mozo no era un minero sino un joven bien relacionado con el *procurator*.

Seguido de Antonio, Mario abandonó al furioso capataz y se dirigió hacia la oficina donde estaba su tío, dispuesto a esperarlo en la puerta todo el tiempo que fuera necesario. Vio de refilón que los mineros que habían presenciado el incidente, sonreían con satisfacción; todos ellos hubieran deseado propinarle aquel derechazo.

A la hora de cenar salió su tío junto con el *procurator*, y todos ellos se dirigieron a la casa de éste, situada no lejos de las minas. Mario no aludió al incidente con el capataz.

Durante la cena, la conversación siguió girando en torno a los negocios. Mario atendía y entendía escasamente.

—No puedo venderte más de lo acordado, Lucio. En las otras minas del norte podrás conseguir el resto. Las minas son del Estado, no mías. Con lo que te vendo ya he cubierto el cupo de lo que se me autoriza y eso porque al depender de mí el cuidado de los soldados, se me permite vender lo suficiente para sufragar algunos de los gastos que ocasionan. Lo que sí te daré por la mañana, antes de iros, es una carta para que la entregues al responsable de las minas del norte. Especificaré en ella las libras de oro que te deben vender al precio que hemos convenido.

Mario sólo veía que su tío estaba satisfecho de la operación y que tendrían que visitar más minas deprimentes. Ya le parecía demasiado con ésta. Tal vez, fuera una nueva experiencia pero... ¡qué duro resultaba, a veces, aprender a vivir! Tocó el amuleto de corindón que colgaba de su cuello e intuyó algo del sentido de las palabras de despedida de Cornelio.

Cuando se retiraron a las habitaciones que el *procurator* les había destinado, Antonio entró y se sentó a los pies de su cama. Sin duda, había preparado un largo párrafo para agradecerle su gesto frente al capataz, pero se le empañaron los ojos y la emoción le impidió decir ni media palabra. Mario comprendió sus sentimientos.

—Nunca te venderemos, Antonio. Sólo te dejaré cuando sea mayor de edad y pueda hacerlo; entonces te daré la libertad.

—Siempre te serviré, esclavo o liberto.

—Duerme, Antonio. Mañana emprenderemos viaje a otros lugares tan crueles como éste. Conviene que vayamos descansados.

El viaje hacia la zona de los astures del norte resultó muy fatigoso. Las empinadas cuestas y los descensos en picado les obligaron a ir despacio. Ir en carro, por aquellos caminos, resultaba en algunos tramos peligroso y Mario compartió el caballo ora con Flaco, ora con su tío. Además, llovía y hacía frío, por lo que tuvieron que protegerse: los mayores con su lacerna* y Mario con una capa forrada de piel de borrego que su madre, previsoramente, le había guardado en el carro.

No obstante, la belleza del paisaje, como Lucio había dicho, les compensó con creces de las dificultades del trayecto.

Mario nunca había visto montes tan agrestes y valles tan verdes. Tenía la sensación de estar descubriendo una tierra nueva y de ser ellos los primeros en transitar aquellos caminos. Pero, al cabo de dos días, descubrió que no era así.

El poblado que se levantaba cerca de las minas de oro a las que llegaron era tal como su tío le había dicho, muy distinto a los que él conocía. Pero en los entornos había casas de estilo romano, algunas muy hermosas, donde vivían los encargados de la explotación de las minas. En una de ellas se alojaron.

Aquellas explotaciones no utilizaban el sistema del derribo de montes, como en Las Médulas. Allí, los mineros, metidos en el río, con el agua hasta las rodillas o más arriba, cribaban la tierra sin descanso hasta que ésta se filtraba y quedaba el oro en la criba. Mientras, otros mineros picaban y cogían a paladas la tierra aurífera para ser cribada. La impresión que producía era tan deprimente como Mario había supuesto, pero se consolaba pensando que, al menos, no corrían el riesgo de morir sepultados por el derrumbamiento de aquellas enormes moles de tierra, como sucedía en Las Médulas.

Su tío no tuvo ninguna dificultad para cerrar el negocio que hasta aquí le había traído. Ambas partes quedaron satisfechas; y como no dejó de observar que su sobrino tenía el ánimo entristecido por la contemplación de aquella forma de vida tan cruel a la que asistía como forzado e impotente espectador, decidió que el broche de oro del viaje no debía ser el de las minas.

Así, cuando por la mañana se dispusieron a partir, Lucio ordenó seguir hacia el norte. Mario pensó que habría que ir a una tercera mina.

—No quiero causarte ninguna preocupación, tío. Pero empiezo a pensar que ya he visto demasiadas minas y que, si tú estuvieras de acuerdo, preferiría esperarte en alguna casa o posada.

—No creo que prefirieras esperarme, pero si tal es tu deseo, de acuerdo; te buscaré una buena posada y allí esperarás mi regreso. Cuando vuelva de visitar la costa, te recogeré.

—¿La costa?

Mario dudaba de haber entendido bien, pero la sonrisa de su tío le confirmó que, efectivamente, iban hacia el mar.

—Pues claro, Mario. ¿Crees, acaso, que iba a dejarte con esta amarga sensación, estando tan sólo a unas jornadas de camino de la costa? Aún no he decidido que concluyan tus experiencias viajeras. No, hasta que te des un buen baño en el mar.

Mario sintió el cariño de su tío e internamente le correspondió con toda su alma. Después de todo, llegarían a la costa los dos juntos... ¿Y Roma? Mejor era no hacer planes.

Pararon a almorzar en una posada del camino. Ya estaban cerca del final del viaje, pero la alegría le había devuelto a Mario el apetito, y Lucio, que había visto cómo las noches anteriores su sobrino apenas había probado bocado, decidió que le convenía reponer fuerzas.

En el mesón, a Mario le pareció la comida rara de aspecto y de sabor, pero la encontró excelente. Las tortas no eran blandas, pero estaban sabrosas y la carne con legumbres también era buena. Comió con tantas ganas que su tío le contemplaba sonriente y burlón.

—Mario, estoy pensando que hubiera debido pedir piedras a la mesonera. Me habrían salido más baratas y te hubieran sabido igual de bien.

El único que no participaba de la alegría colectiva era Flaco, para quien la idea de pasar unos días sin vino era una negra perspectiva.

—Una tierra donde no hay viñedos, donde no hay vino... ¿Pero cómo es posible? —repetía una y otra vez, sin que nadie se dignara responderle.

Cuando salieron del mesón, se encontraron con un hombre y un muchacho que parecían estar esperándoles. El hombre, en un latín poco comprensible, le explicó a Lucio su problema: el caballo en el que ambos viajaban parecía haber enfermado y no podían cabalgarle. Al saber, por la mesonera, que se dirigían tam-

bién a Flavionavia, había pensado que tal vez no tuviera inconveniente en que su hijo pudiera subir al carro, pues era aún un niño y estaba muy cansado para llegar andando hasta allí.

Lucio hizo que engancharan el caballo, más que enfermo, reventado, y padre e hijo subieron al carro con Mario. El muchacho tendría unos nueve años. Era, al igual que Mario, de cabello rojizo, y llevaba una extraña túnica con calzas que ya Mario había visto en otros astures del norte. Su latín resultó ser aún peor que el de su padre.

—¿Tú es de Noega? Yo he visto allí chicos así como tú eres vestido.

—No. Soy de Emerita, soy lusitano.

—No sé dónde eso. Yo soy de Flavionavia. Ahora vengo de Noega tres meses. Padre, pescador; yo, también. ¿Qué es lo que llevas al cuello?

—¿Esto? Es un amuleto, un regalo. Este otro es mi bulla. Todos los chicos la llevan hasta los 17 años. ¿Acaso aquí no es costumbre llevarla?

—Yo no tengo, pero sí he visto otros con bulla colgada al cuello.

—La bulla se pone a todos los niños, a partir del día octavo de su nacimiento. El mismo día en que se le pone el nombre, el *dies lustricus**. Dentro de estas dos placas cóncavas de oro hay unas hierbas especiales que mis padres colocaron aquel día: son hierbas recogidas en un bosque consagrado a la diosa Diana. Se supone que ellas me protegen.

—¿Todas son oro?

—No todas. Las hay también de plata, de cobre, de bronce... Pero todas vienen a ser iguales. Pero, dime —Mario bajó la voz, aunque el padre del muchacho no les escuchaba, pues iba hablando con los demás—: ¿tú sabes si en Flavionavia hay barcos que vayan a Roma?

—No lo sé. En Noega, el otro día yo vi un barco; todos romanos y sí a Roma. ¡Ah, claro! Vosotros ir a un barco y a Roma, ¿no?

Mario estaba confuso y además no le parecía conveniente hacer confidencias a aquel chico. Se limitó a hacer como si no le hubiera oído y cambiar de conversación.

—¿Cómo te llamas?

—Reburrus. También mi padre.

—¡No es posible! Es ciertamente un nombre extraño. Yo me llamo Cayo Mario Félix, pero todos me llaman Mario.

El muchacho no quedó menos sorprendido del nombre de Mario...

—¡Claro! Todos es muy largo de decir. No termino nunca de decir tantos nombres.

A Mario le caía simpático ese chico de nombre tan pintoresco.

—¿Por qué no hablas el latín correctamente? ¿Acaso aquí no se habla latín?

—Sí, pero no mi madre, ni mucha gente que vive donde yo. Pero yo quiero saberlo bien porque quiero ser soldado de la Legión. Yo no siempre marinero, prefiero soldado y viajar, ir a Roma, a otros mares y sitios. A Emerita también.

—Me gustaría enseñarte a hablar bien el latín, pero vamos a estar aquí pocos días. Cuando sea mayor volveré otra vez por aquí, pero tú ya serás entonces legionario. En Emerita no hay mar, ni hay tantos prados verdes, ni tantos bosques. Me gusta mucho tu tierra, Reburrus.

La casa de Reburrus estaba a la entrada del pueblo. Era una casa redonda, con techumbre de paja. En la puerta estaba una mujer, sin duda su madre, que abrazó fuertemente contra su pecho al chico. Ante la insistencia de ambos, Lucio y los demás bajaron y aceptaron cenar con ellos.

El horno estaba fuera de la casa y la mujer dispuso en seguida sobre una parrilla unos pescados muy grandes que Mario no recordaba haber visto nunca.

—Son rapes. Es un pescado excelente, Mario. A Emerita llega pocas veces.

Sentados todos en un banco adosado a la pared, cenaron aquellos peces sabrosísimos y Flaco se consoló de la falta de vino tomando cuenco tras cuenco de un brebaje hecho con endrinas. Reburrus padre les acompañó a la casa de un magistrado local. Ésta, aunque de estilo romano, era bastante modesta. No obstante, el magistrado dispuso todo lo necesario para que sus huéspedes se encontrasen lo más cómodos posible.

Mario había quedado citado al día siguiente por la mañana con Reburrus, que había prometido enseñarle a pescar en la barca. Efectivamente, a primera hora de la mañana, se presentó en la casa a buscar a Mario; su tío accedió con la condición de que no se alejaran de la costa y de que Antonio les acompañase.

La visión del mar le produjo una emoción indescriptible. No le interesaba tanto aprender a manejar la red como contemplar aquella inmensidad verde-azul ina-

barcable. La barca de madera era pequeña, hasta el punto de que los tres se daban constantes golpes entre sí con el balanceo. Antonio se mareó pronto y, pálido como la muerte, pedía por Júpiter que le dejasen en tierra. Ya en tierra, corría, vigilándolos, por la playa y les hacía constantes gestos de que no se alejaran demasiado.

O Reburrus era un muy buen pescador, o la pesca abundaba por allí, pues en unas cuantas horas habían conseguido capturar varios sargos y un bonito de considerables dimensiones que, enredado en la red, había rematado Reburrus con un tridente de madera muy afilado. Decidieron llevarlos a su casa y preparar algunos de ellos para comer. Como su madre no estaba, ellos mismos asaron en las brasas unos cuantos sargos.

—Madre busca ahora lapas, almejas y otros que no sé nombres.

Después de comer volvieron a la playa. La presencia de Mario llamaba la atención entre aquellas gentes, que habían visto pocos «turistas» romanos en su vida. Reburrus tenía que volver a la pesca, pero Mario prefirió dar un paseo por la costa.

Al llegar al puerto natural vio un barco de factura romana. Su corazón se puso a latir agitadamente. Seguido por Antonio se acercó y vio que la tripulación cargaba lingotes de hierro de una mina cercana. Se dirigió a uno de los hombres y con un hilo de voz le preguntó:

—¿A dónde se dirige este barco?

El hombre le miró por un momento, sorprendido, y luego continuó con su labor.

—A Roma.

—¿Y cuándo va a partir?

—Tal vez esta noche, tal vez mañana. Y si no dejas de entretenerme, tal vez dentro de una semana.

La agitación de Mario era tremenda. Antonio le observaba sin comprender. Estuvo hasta la hora de la cena observando el barco e intentando descubrir quién era el dueño del mismo. Al fin llegó a la conclusión de que el dueño debía ser un individuo moreno y pequeño que era el que más órdenes daba.

Decidió esperar hasta después de la cena para hablar con él y exponerle el asunto. Pensaba que serían suficientes para costear el viaje los denarios que su padre le había dado y que guardaba en su habitación.

Durante la cena, Mario miraba melancólicamente a su tío. En cada mirada le mandaba un mensaje de despedida y tanto le dolían estas despedidas que decidió retirarse de la mesa, pretextando un dolor de cabeza. Ya en su cuarto escribió en una tablilla un mensaje: «No te pido permiso, tío, porque sé que no me lo darías. Quiero irme a Roma, pero volveré pronto. Te suplico me perdones por el disgusto que voy a ocasionarte. Mario». Cogió su bolsa de denarios y con todo sigilo, a fin de no llamar la atención de nadie, se encaminó solo al puerto.

El barco seguía allí. Mario se sentó en una roca intentando encontrar las fuerzas necesarias para hablar con el dueño del barco. Era su oportunidad. Podría convencerle, tenía más denarios de los que había supuesto. Pero no podía apartar de sus pensamientos a su padre, con su mirada afable y serena, orgulloso de su hijo... A su madre, con aquella ternura hacia él y sus constantes atenciones. Vio la carita de Adriana y recordó sus últimas palabras: «Tienes que traerme un regalo y luego jugaremos juntos»..., y su tío, su maravilloso tío, que siempre había

sido un amigo para él. Pensó en su ciudad, en sus amigos, en Hercúleo..., no podía abandonarlos. Se dio cuenta de que les necesitaba, les necesitaba a todos ellos.

Una mano se posó en su hombro. Se volvió y descubrió la cara de su tío que sonreía. Se abrazó a él y sus planes de huida se desvanecieron.

—¿Cómo era lo que dijo el augur, Mario?... Era algo así como: «Paciencia. Los dioses consideran que aún es demasiado pronto. Tendrás aún que esperar unos años».

Juntos y en silencio se volvieron a la casa. Al día siguiente, todos ellos emprendieron el viaje de regreso a Emerita.

Vocabulario

Ábaco: *Cuadro de madera con diez cuerdas o alambres paralelos con bolas movibles insertas que se utiliza para enseñar a los niños los rudimentos de la aritmética.*

Atrio: *Espacio rodeado de columnas delante de algunos edificios.*

Brigaetium: *Benavente, provincia de Zamora.*

Centurión: *Jefe de una centuria o compañía de cien hombres en la milicia romana.*

Clepsidra: *Reloj de agua.*

Dies lustricus: *Día en que se pone el nombre a un niño.*

Emerita Augusta: *Mérida, provincia de Badajoz.*

Hispalis: *Sevilla.*

Idus: *Día de luna llena y que era el día 13 de cada mes (excepto en los meses de marzo, mayo, julio y octubre, que era el día 15).*

Kalendas: *Una de las tres partes en que se dividía el mes; era el día de la luna nueva y se hacía coincidir con el primer día del mes.*

Lacerna: *Especie de manteleta que se prendía de un broche en el hombro y envolvía todo el cuerpo.*

Lares: *Plural de lar. Cada uno de los dioses protectores de la casa.*

Lavatrina: *Cuarto de baño.*

Lucus: *Lugo.*

Manípulo: *Cada una de las veinticinco secciones o compañías en que se dividía la cohorte romana.*

Miliarios: *Columna o piedra que indica la distancia de mil pasos (milla).*

Mons Medulius: *Monte Medulio, famoso por sus minas.*

Nonas: *Quinto día de cada mes (excepto en los meses de marzo, mayo, julio y octubre, que era el séptimo); día de la luna creciente.*

Olisipo: *Lisboa.*

Pantomima: *Representación teatral mediante movimientos y gestos sin que intervengan palabras.*

Salmantica: *Salamanca.*

Triclinio: *Diván en el que los antiguos romanos y griegos se reclinaban para comer.*